BEI GRIN MACHT SICH IHR WISSEN BEZAHLT

- Wir veröffentlichen Ihre Hausarbeit, Bachelor- und Masterarbeit

- Ihr eigenes eBook und Buch - weltweit in allen wichtigen Shops

- Verdienen Sie an jedem Verkauf

Jetzt bei www.GRIN.com hochladen und kostenlos publizieren

GRIN

Trainingsplanung. Leistungsdiagnostik und Mesozyklus für eine 29 jährige Verkäuferin

Jacqueline Preuss

Bibliografische Information der Deutschen Nationalbibliothek:

Die Deutsche Nationalbibliothek verzeichnet diese Publikation in der Deutschen Nationalbibliografie; detaillierte bibliografische Daten sind im Internet über http://dnb.d-nb.de abrufbar.

ISBN: 9783346355775
Dieses Buch ist auch als E-Book erhältlich.

Deutsche Hochschule für
Prävention und Gesundheitsmanagement

Einsendeaufgabe

Fachmodul:	Trainingslehre 2
Studiengang:	Fitnessökonomie
Datum Präsenzphase:	14.12.2020 – 16.12.2020
Name, Vorname:	Preuss, Jacqueline
Studienort:	**Saarbrücken**
Semester:	**WS 2019**

Inhaltsverzeichnis

1 Diagnose

Bevor für den Probanden ein individueller, zielgerichteter Trainingsplan im Bereich der Ausdauer erstellt werden kann, ist zunächst ein Eingangsgespräch notwendig um allgemeine als auch biometrische Daten zu erfassen. Diese werden in nachfolgender Tabelle deutlich dargestellt. Aus Datenschutzgründen wird der Name der Person nicht genannt.

1.1 Allgemeine und biometrische Daten

Tabelle 1: Allgemeine und biometrische Daten (eigene Darstellung)

Allgemeine Daten	
Alter	29
Geschlecht	weiblich
Körpergröße	160 cm
Körpergewicht	56kg
Berufliche Tätigkeit	Verkäuferin (50% Sitzen, 50% Stehen)
Trainingsmotive	Ausdauer verbessern, fitter werden, mehr Bewegung
Aktuelle sportliche Aktivitäten	Zwei - dreimal 45 Minuten joggen in der Woche seit einem Monat, seit einem Monat zweimal die Woche 30 Minuten Ganzkörperworkout
Frühere sportliche Aktivitäten	Zweimal die Woche 60 Minuten Zumba, ein halbes Jahr lang gemacht und seit zwei Jahren nicht mehr
Zeitlicher Verfügungsrahmen	Zwei- dreimal die Woche á 45-60 Minuten
Biometrische Daten	
Blutdruck	144/93 mmHG
Ruhepuls	83 S/min
Allgemeiner Gesundheitszustand	
Orthopädische Probleme	Keine
Internistische Probleme	Keine
Ärztliche Behandlung	Keine
Einnahmen von Medikamenten	Keine
Sonstige gesundheitliche Einschränkungen	Keine

1.2 Beurteilung der biometrischen Daten

Im Folgenden wird nochmal genau auf die biometrischen Daten der Probandin eingegangen und diese werden bewertet und dokumentiert, um die Verbesserung und Entwicklung im weiteren Trainingsprozess beurteilen zu können.

1.2.1 Blutdruck

Die Probandin misst regelmäßig ihren Blutdruck mit dem Boso Medicus X und weiß somit, dass dieser erhöht ist. Dagegen hat sie allerdings noch nichts gemacht.

Der Blutdruck wurde innerhalb des Eingangsgesprächs am linken Unterarm mit dem Gerät von Sanitas SBC 22 am 10.12.2020 um 13:06 gemessen.

Der gemessene Wert 145/93 mmHG ist für sie nichts Unbekanntes und wird nun anhand der Normwerte beurteilt.

Tabelle 2: Blutdruckklassifikation der American Hurt Association (modifiziert nach Mancia et al.,2013, S.1286)

Blutdruckklassifikation der American Hurt Association			
	Bewertungsstufen	**Systolischer Blutdruck**	**Diastolischer Blutdruck**
Normblutdruck (Normotonie)			
	Optimal	Unter 120mmHG	Unter 80mmHG
	Normal	Unter 130mmHG	Unter 85mmHG
	Hochnormal	130-139mmHG	85-89mmHG
Bluthochdruck (arterielle Hypertonie)			
	Stufe 1	140-159mmHG	90-99mmHG
	Stufe 2	160-179mmHG	100-109mmHG
	Stufe 3	>180mmHG	>110mmHG

Man erkennt deutlich, dass sie sich in der arteriellen Hypertonie, Stufe 1 befindet.

1.2.2 Ruhepuls

Neben dem Blutdruck misst sie auch morgens direkt nach dem Aufwachen, noch im Bett liegend, eine Minute mit dem Mittel- und Zeigefinger am linken Handgelenk, den Ruhepuls. Am Tag der Trainingsplanung, am 10.12.2020, hat sie einen Ruhepuls von 83 S/min. Zwei Tage vorher lag dieser bei 83 S/min und ein Tag vorher lag der Ruhepuls ebenfalls bei 82 S/min.

Beurteilt wird nun der Wert von 83 S/min.

Tabelle 3: Normwerte des Ruhepulses (modifiziert nach Weineck, 2003, S.50)

Normwerte Ruhepuls	
Puls	Einordnung
60 – 80 S/min	Durchschnittsbürger
50 – 60 S/min	Gut trainierte Sportler
Unter 50 S/min	Leistungssportler

Der Ruhepuls sollte im Normalfall zwischen 60 und 80 Schlägen pro Minute liegen. Daraus lässt sich schließen, dass ihr Ruhepuls leicht erhöht ist.

1.3 Leistungsdiagnostik

Ein wichtiger Punkt, den man als Trainer wissen muss, bevor der Trainingsplan erstellt werden kann, ist der aktuelle Leistungsstand der Person. Die Leistungsdiagnostik wird nun mit einem ausgewählten Testverfahren auf dem Radergometer ermittelt. Für den Probanden wird der IPN-Test® gewählt. Hier gibt es zwei Schemata, die man wählen kann. Man unterscheidet hier zwischen dem WHO Test und dem Hellmann -Venrath Test.

Der WHO-Test ist für ältere, leistungsschwache, übergewichtige sowie untrainierte Frauen gedacht, wohingegen der Hellmann-Venrath-Test für trainierte, ältere Menschen, trainierte Frauen und normal leistungsstarke Männer geeignet. Das Testverfahren wird detailliert dokumentiert um auch nach jedem Trainingszyklus einen Vorher-nachher Vergleich durch einen Re-Test zu erstellen.

1.3.1 Begründung der Testauswahl

Der IPN-Test® wurde ausgewählt, da hier die drei wichtigsten Aufgaben eines Ausdauertests mit inbegriffen sind. Dies ist zum einen die Referenzdatenanalyse, die den Leistungstand einer Person anhand von alters- und geschlechtsspezifischen Normwerten, wodurch der interindividuelle Leistungsvergleich unterstrichen wird, bestimmt. Ein weiterer, sehr wichtiger Punkt ist die Bestimmung der optimalen Trainingsintensität für die Trainingsplanung. Der IPN-Test® ermöglicht also eine Ableitung der Trainingsempfehlung durch eine individuelle Voreinstufung nach der Ruheherzfrequenz und dem Lebensalter und durch die zweite, individuelle Voreinstufung unter zusätzlicher Berücksichtigung der Trainingshäufigkeit. Außerdem ist durch den IPN-Test® ein intraindividueller Leistungsvergleich möglich, aufgrund der Dokumentation der Leistungsentwicklung über einen bestimmten Zeitraum mit Hilfe von Re-Tests.

Die Festlegung welches Belastungsschema ausgewählt wird, zeigt folgende Tabelle.

Tabelle 4: Zuordnung des Belastungsschemas WHO oder Hollmann/Venrath (modifiziert nach IPN, 2004 S.5)

Trainingshäufig-keit	<30	30-34	35-39	40-44	45-49	50-54	55-59	Ab 60
Moderat Aus-dauertraining	1,70	1,58	1,46	1,34	1,22	1,10	0,98	0,86
	88,2	94,9	102,7	111,9	130,0	136,3	153,1	174,4
Sehr viel Aus-dauertraining	3,40	3,23	3,06	2,89	2,72	2,55	2,38	2,21
	(44,1)	46,4	49,0	51,9	55,2	58,8	63,0	67,9

Die Tabelle zeigt die jeweiligen Grenzgewichte (weiße Spalte) der Frauen unter Berücksichtigung des Alters und der Trainingshäufigkeit, die durch die Voreinstufung schon festgelegt worden ist. Die Probandin macht ein moderates Ausdauertraining und ist 29 Jahre alt. Ihr Grenzgewicht liegt demzufolge bei 88,2 kg. Ihr Gewicht liegt deutlich unter dieser Grenze, weswegen mit ihr der WHO-Test durchgeführt wird. Das Hollmann-Venrath Belastungsschema wäre zu wählen, wenn sie schwerer als 88,2 kg wäre.

1.3.2 Durchführung der Testauswahl

Bevor die Kundin mit dem Ausdauertest beginnt, überprüft der Trainer zuallererst die gesundheitliche Verfassung, indem er fragt ob sie ausreichend geschlafen, gegessen und getrunken hat. Die Probandin wird konkret über den Testablauf und den dazugehörigen Abbruchkriterien aufgeklärt. Dazu gehört muskuläre Erschöpfung, Blässe, Schwindel, subjektives Schwächegefühl und Atemnot. Treffen diese Kriterien nicht ein, ist das entscheidende Abbruchkriterium die Pulsobergrenze. Um diese Zielherzfrequenz zu ermitteln, findet zuerst eine individuelle Voreinstufung nach der Ruhefrequenz und dem Lebensalter statt.

Tabelle 5: Voreinstufung nach Ruheherzfrequenz und Lebensalter (modifiziert nach IPN, 2004, S.4)

Voreinstufung nach Ruheherzfrequenz und Lebensalter								
RHF	Alter	<20	20-29	30-39	40-49	50-59	60-69	≥70
<50		140	135	130	125	115	110	105
50-59		145	140	135	125	120	115	110
60-69		145	145	135	130	125	120	115
70-79		150	145	140	135	130	125	120
80-89		155	150	145	140	135	125	125
≥ 90		160	155	150	145	135	130	125

Die Probandin ist 29 Jahre alt und hat einen Puls von 83 Schlägen pro Minute.

Aus der Tabelle wird ersichtlich, dass die erste Voreinstufung eine Pulsobergrenze von 150 S/min vorgibt. Nun folgt eine zweite Voreinstufung unter zusätzlicher Berücksichtigung der Trainingshäufigkeit.

Tabelle 6: Voreinstufung unter Berücksichtigung der Trainingshäufigkeit (modifiziert nach IPN, 2004, S.4)

Sporttyp	Mindesthäfig-keit/Woche	Stunden/ Woche	Aufschlag
Überhaupt kein Ausdauertraining	-	-	-
Wenig Ausdauertraining	1-2mal	≤ 1 Stunde	-
Moderat Ausdauertraining	2-3mal	1-2 Stunden	plus 5

Viel Ausdauertraining	3-4mal	2-4 Stunden	plus 10
Sehr viel Ausdauertraining	>4mal	>4 Stunden	plus 15

Da sie zwei bis dreimal die Woche pro Einheit 45 Minuten joggen geht, macht sie ein moderates Ausdauertraining, wodurch sich ihre Pulsobergrenze um fünf Schläge pro Minute erhöht. Somit hat sie eine Pulsobergrenze (=Abbruchkriterium) von 155 S/min. Alle relevanten Testparameter werden für die Durchführung tabellarisch dargestellt.

Tabelle 7: Radergometertest Überblick (eigene Darstellung)

Radergometertest Überblick	
Geschlecht: weiblich	
Alter: 29	
Testform: WHO ○ submaximal	Stufendauer: 2 Minuten
	Belastungssteigerung: 25 Watt
Eingangsbelastung: 25 Watt	Trittfrequenz: 60-80 U/min
Pulsobergrenze: 150 S/min	Gewicht: 56 kg
Abbruchgrenze: 150 S/min	Ruhepuls: 83
Anmerkungen: Keine	Blutdruck: 144/93 mmHG

Während der Durchführung des Ausdauertests wird nach jeder Minute die genaue Herzfrequenz zu jeder Stufe aufgeschrieben.

Tabelle 8: Radergometertest Durchführung (eigene Darstellung)

Radergometertest Durchführung			
Eingangstest	Datum: 10.12.2020		
Zeit (in Minuten)	Watt	Hf 1	Hf 2
2	25	89 S/min	96 S/min
4	50	105 S/min	114 S/min
6	75	123 S/min	132 S/min
8	100	144 S/min	159 (155 S/min erreicht nach 40 Sekunden)

10	125	/	/
Watt gesamt:	83,4 Watt		
Watt/Kg	1,60 W/kgKG		

Nach acht Minuten und 40 Sekunden erreichte die Probandin zum Ende der 4, Belastungsstufe (100 Watt) die Pulsobergrenze von 155 S/min. Zum Ende dieser Stufe erreichte sie eine Herzfrequenz von 159 Schlägen/min. Die absolute Leistung liegt hier bei 83,4 Watt. Um die relative Leistung zu erhalten, teilt man diesen Wert durch das Körpergewicht und man kommt auf ein Ergebnis von 1,60 W/kgKG.

1.3.3   Bewertung der Testergebnisse

Im nachfolgenden wird die relative Watt-Leistung der Probandin mit der Leistungstabelle der Frauen unter Berücksichtigung des Alters verglichen.

Tabelle 9: relative Watt-Soll-Leistung (pro Kg) bei Frauen (modifiziert nach IPN, 2004, S.8)

Faktor/Alter	<30	30-34	35-39	40-44	45-49	50-54	55-59	ab 60	Bewertung
0,54	1,35	1,28	1,22	1,15	1,08	1.01	0,95	0,88	--
0,55	1,40	1,33	1,26	1,19	1,12	1,05	0,98	0,91	-
0,56	1,45	1,38	1,31	1,23	1,16	1,09	1.02	0,94	-
0,57	1,50	1,43	1,35	1,28	1,20	1,13	1,05	0,98	-
0,58	1,55	1,47	1,40	1,32	1,24	1,16	1,09	1,01	-
0,59	1,60	1,52	1,44	1,36	1,28	1,20	1,12	1,04	-
0,60	1,70	1,62	1,53	1,45	1,36	1,28	1,19	1,11	Ø
0,61	1,80	1,71	1,62	1,53	1,44	1,35	1,26	1,17	Ø
0,62	2,00	1,90	1,80	1,70	1,60	1,50	1,40	1,30	Ø
0,63	2,10	2,00	1,89	1,79	1,68	1,58	1,47	1,37	+

Aus der Tabelle wird ersichtlich, dass sie mit der relativen Soll-Watt-Leistung unter dem Durschnitt liegt. Es ergibt sich ein Belastungsfaktor von 0,59. Dieser ist für die Trainingsplanung für die genaue Ermittlung der Trainingsherzfrequenz wichtig.

1.4 Gesundheits- und Leistungsstatus der Person

In Bezug auf den Gesundheitsstatus der Kundin, kann man keine gravierenden Auswirkungen auf die Trainierbarkeit feststellen. Wie man dem Eingangsgespräch entnehmen kann, nimmt sie keine Medikamente, ist also keinen Gefahren im Training ausgesetzt. Ihr Blutdruck, sowie ihr Ruhepuls ist leicht erhöht. Unter regelmäßiger Beobachtung beeinflussen diese Werte das Training nicht negativ. Des Weiteren hat sie keine orthopädischen und internistischen Probleme. Aus dem Anamnesegespräch und der Testdurchführung weist sie einen untrainierten Trainingszustand auf. Aufgrund dessen lässt sich im Hinblick auf die Belastbarkeit sagen, dass sie nicht voll belastbar ist. Sowohl der Gesundheits- als auch der Leistungsstatus können durch die individuelle Trainingsplanung verbessert werden.

2 Zielsetzung/ Prognose

Im Anamnesegespräch am Anfang wurden die Trainingsmotive für den Probanden erfragt. Diese sind jetzt für eine genaue Zielsetzung, die aus dem Inhalt, dem Ausmaß und der Zeit bestehen, wichtig. Auf der Basis der Motive wurden drei, realistische Ziele für die Kundin für die weitere Trainingsplanung entwickelt. Die genauen Aspekte, die in der nachfolgenden Tabelle aufgeführt werden, sollen die Kundin motivieren.

Tabelle 10: Zielsetzung (eigene Darstellung)

Zielsetzung		
Inhalt	*Ausmaß*	*Zeit*
Blutdruck senken	5-8 mmHG Diastole 5-10 mmHG Systole	12 Wochen
Ruheherzfrequenz	6 S/min.	14 Wochen
Wattleistung verbessern beim Re-test	15% besser (von - auf Ø in der Bewertungstabelle)	12 Wochen

Das erste Ziel ist es den Blutdruck zu senken um im Normblutdruck zu landen. Arterielle Hypertonie zählt zu den gefährlichsten Risikofaktoren für viele Herz-Kreislauf-Erkrankungen, Schlaganfall und Herzinfarkt. Die Probandin befindet sich zum Glück erst in der Hypertonie Stufe 1. Der anhaltende hohe Druck belastet die Gefäße jedoch sehr, weswegen dieser innerhalb von 12 Wochen um 5-10 mmHG systolisch und um 5-8 diastolisch gesenkt werden soll.

Des Weiteren gilt es auch die Ruheherzfrequenz zu senken, da dieser ebenfalls leicht erhöht ist. Es ist realistisch bei einem dreimaligen Ausdauertraining pro Woche, diesen um ca. ½ S/min pro Woche zu senken. Dadurch, dass sie in den ersten beiden Wochen zwei Einheiten pro Woche hat, wurde die Zeit des Ziels um zwei Wochen verlängert. Mit der Senkung von 6 S/min, befindet sich ihr Ruhepuls im Normbereich. (siehe Tabelle 3)

Es ist möglich, abhängig vom Ausgangsniveau, die Wattleistung bei dem Re-Test nach dem WHO-Schemata nach IPN, innerhalb von 8-12 Wochen um 15% zu verbessern. Dieses Ziel wird nicht zu hoch angesetzt, da sie sich erstmal an die Belastungen gewöhnen muss und es soll motivierend wirken. Setzt man Ziele zu hoch an, kann dies bei Nichterreichung schnell demotivierend wirken. Mit der Verbesserung um 15% befindet sie sich im durchschnittlichen Bereich. (siehe Tabelle 9)

3   Trainingsplanung Mesozyklus

Die Grobplanung des Mesozyklus ist für eine längerfristige Trainingsplanung von Vorteil. Das Ziel hierbei ist es, die momentane Leistungsfähigkeit ständig zu verbessern. Die Belastungsparameter sind deshalb für eine zielorientiert Trainingsplanung entscheidend.

3.1 Grobplanung Mesozyklus

Tabelle 11: Grobplanung Mesozyklus (eigene Darstellung)

Grobplanung Mesozyklus	
Dauer	6 Wochen
Trainingsziel	Grundlagenausdauer
Trainingsumfang	135 -180 Minuten pro Woche
Trainingsmethoden	Nach IPN Dauermethode (extensiv)

Trainingsintensität	Belastungsfaktor: 0,59 Trainingsherzfrequenz: 142-156 S/min
Trainingshäufigkeit	2-3x die Woche
Dauer der Trainingseinheiten	45-60 Minuten
Trainingsgeräte	Fahrrad, Laufband

Um die Trainingsintensität zu bestimmen, rechnet man zunächst die Trainingsherzfrequenz nach der IPN-Formel für das Fahrrad und das Laufband aus.

Radfahren: THF = RHF + [(220 – LA) – RHF] × X

THF = 83 + [(220 – 29)] – 83 × 0,59

THF = 146, 72 ~ 147 S/min

Laufen: THF = RHF + [(220 – ¾ LA) – RHF] × X

THF = 83 + [(220 – 21,75) – 83] × 0,59

THF = 151 S/min

THF: Trainingsherzfrequenz, RHF: Ruheherzfrequenz, LA: Lebensalter, X: Belastungsfaktor (%)

3.2 Detailplanung Mesozyklus

Der Inhalt und Aufbau des sechswöchigen Mesozyklus wird vom Makrozyklus bestimmt. Hier geht es um die zeitliche Strukturierung und die Vertiefung der Trainingsbelastung. In diesem Fall hat dieser Zyklus einen Umfang von sechs einzelnen Wochen.

Tabelle 12: Detailplanung Mesozyklus Woche 1 + 2 (eigene Darstellung)

Detailplanung Mesozyklus Woche 1 + 2 (eigene Darstellung)					
Woche 1	Di	Fr	**Woche 2**	Di	Fr
Trainingsziel	Aufbau Grundlagen-ausdauer 1 (GA)	Aufbau GA 1	**Trainingsziel**	Aufbau GA 1	Aufbau GA 1

Trainigsme-thode	Extensive Dauermethode (DM)	Extensive DM	Trainingsme-thode	Extensive DM	Extensive DM
Trainingsin-tensität	142-152 S/min	146-156 S/min	Trainingsin-tensität	142-152 S/min	146-156 S/min
Trainings-dauer	30 Minuten	30 Minuten	Trainings-dauer	33 Minuten	33 Minuten
Trainingsge-rät	Fahrrad	Laufband	Trainingsge-rät	Fahrrad	Laufband

Tabelle 13: Detailplanung Mesozyklus Woche 3 + 4 (eigene Darstellung)

Detailplanung Mesozyklus Woche 3 + 4							
Woche 3	Mo	Mi	Fr	Woche 4	Mo	Mi	Fr
Trainings-ziel	Aufbau GA 1	Aufbau GA 1	Aufbau GA 1	Trainingsziel	Aufbau GA 1	Aufbau GA 1	Aufbau GA 1
Trainings-nethode	Exten-sive DM	Extensive DM	Extensive DM	Trainingsme-thode	Extensive DM	Extensive DM	Extensive DM
Trai-ningsin-tensität	142-152 S/min	146-156 S/min	142-152 S/min	Trainingsin-tensität	146-156 S/min	142-152 S/min	146-156 S/min
Trainings-dauer	36 Minu-ten	36 Minu-ten	36 Minu-ten	Trainings-dauer	39 Minuten	39 Minuten	39 Minuten
Trainings-gerät	Fahrrad	Laufband	Fahrrad	Trainingsge-rät	Laufband	Fahrrad	Laufband

Tabelle 14: Detailplanung Mesozyklus Woche 5 + 6 (eigene Darstellung)

Detailplanung Mesozyklus Woche 5 + 6							
Woche 5	Mo	Mi	Fr	Woche 6	Mo	Mi	Fr
Trai-ningsziel	Aufbau GA 1	Aufbau GA 1	Aufbau GA 1	Trainingsziel	Aufbau GA 1	Aufbau GA 1	Aufbau GA 1
Trai-ningsme-thode	Extensive DM	Extensive DM	Extensive DM	Trainingsme-thode	Extensive DM	Extensive DM	Extensive DM
Trai-ningsin-tensität	142-152 S/min	146-156 S/min	142-152 S/min	Trainingsin-tensität	146-156 S/min	142-152 S/min	146-156 S/min

| Trai-nings-dauer | 42 Minu-ten | 42 Minu-ten | 42 Minu-ten | Trainings-dauer | 45 Minuten | 45 Minuten | 45 Minuten |
| Trai-ningsge-rät | Fahrrad | Laufband | Fahrrad | Trainingsge-rät | Laufband | Fahrrad | Laufband |

3.2.1 Begründung zum angestrebten wöchentliche Belastungsumfang

Aufgrund des festgestellten Leistungsstands, ist es wichtig, die Probandin nicht von Anfang an zu sehr zu fordern. Deshalb absolviert die Kundin in den ersten zwei Wochen ein
Ausdauertraining von 30-33 Minuten jeweils in zwei Einheiten pro Woche. Um die Kundin immer mehr an das Ausdauertraining zu gewöhnen wird der Belastungsumfang von
Woche zu Woche um drei Minuten gesteigert um die Kundin zu einem Optimalprogramm
zu bringen, welches drei bis vier Einheiten pro Woche á 30-60 Minuten beträgt. (Eisenhut
& Zintl, 2013) Der Belastungsumfang beträgt 60- 135 Minuten pro Woche.

3.2.2 Begründung der ausgewählten Trainingsmethoden

Die extensive Dauermethode wurde gewählt um die Grundlagenausdauer 1 der Kundin
zu verbessern. Die Grundlagenausdauer 1 ist die Basis für jede Ausdauerleistung. Cha-
rakteristisch für diese Methode ist eine kontinuierliche niedrige Belastung bei einem ho-
hen Umfang und das Fehlen einer Pause. Die extensive Dauermethode ist durch Bean-
spruchungen im Bereich der aeroben Schwelle und des aerob-anaeroben Übergangs ge-
kennzeichnet. Dadurch wird das Herz-Kreislauf-System verbessert. Dies bewirkt die Senkung des Blutdrucks und des Ruhepulses. Außerdem wird durch das Training im aeroben
Bereich kaum Laktat produziert. Diese liegt bei unter zwei Millimol pro Liter und damit
unter der aeroben Schwelle. (Hottenrott & Neumann, 2016)

3.2.3 Begründung der Belastungsprogression

Häufigkeit vor Umfang vor Intensität. Dies ist die wichtigste Regel bei der Belastungs-
progression. Bevor der Umfang immer weiter im dargestellten Mesozyklus gesteigert
wird, wird zunächst die Häufigkeit der Trainingseinheiten nach der zweiten Woche von
zwei auf drei Trainingseinheiten erhöht. Um einen trainingswirksamen Reiz zu erzielen,
ist es wichtig, den Umfang jede Woche anzupassen. Für das Grundlagentraining wird die

Steigerung in kleinen Schritten empfohlen. (vgl. Weineck, 2010, S. 47 – 49; Eisenhut & Zintl, 2013, S. 18 f.) Von Woche zu Woche steigt der Umfang um 3 Minuten an. Die Intensität bleibt während dem ganzen Mesozyklus gleich, damit der Körper Zeit hat, sich an die Belastungen anzupassen. Der Bereich der Trainingsherzfrequenz wird bestimmt durch plus und minus fünf Schlägen pro Minute der errechneten Trainingsherzfrequenz für das Laufen und das Fahrrad. (LAGERSTRØM, 2004)

3.2.4   Begründung zu den angesteuerten Trainingsbereiche

Der angesteuerte Trainingsbereich des gesamten Mesozyklus ist die Grundlagenausdauer 1. Das Ziel des Grundlagenausdauertraining 1 ist die „Entwicklung und Stabilisierung der Grundlagenausdauerfähigkeit und Vorbereitung der Verträglichkeit intensiver Belastungen" (Hottenrott & Neumann, 2016, S. 132)

Aufgrund des unterdurchschnittlichen Trainingszustands ist die Grundlagenausdauer noch nicht sehr ausgeprägt. Durch diesen angesteuerten Trainingsbereich, der im aeroben Bereich bis zum aerob-anaeroben Übergangsbereich erfolgt, findet eine Ökonomisierung und Stabilisierung des Herz-Kreislauf-Systems statt. Inbegriffen ist hier die Senkung des Blutdrucks sowie des Ruhepulses. Gerade Anfänger im Ausdauertraining erreichen mit dem Training der Grundlagenausdauer 1 schnelle Fortschritte.

3.2.5   Begründung der ausgewählten Trainingsgeräte bzw. Bewegungsformen

Dadurch, dass sie auch seit einem Monat angefangen hat laufen zu gehen, wurde für sie als Alternative das Laufband ausgewählt. Nach Eisenhut & Zintl (2009, S.143) gilt laufen als ideale Bewegungsform. Ein weiteres Ausdauergerät, welches ausgewählt wurde, ist das Fahrradergometer. Dieses bietet sich optimal für einen Re-Test an, um zu schauen inwieweit sich die Wattleistung verbessert hat. Um die Motivation im Trainingsprozess aufrechtzuerhalten, werden die Geräte abwechselnd eingesetzt.

4   Literaturrecherche

Im nachfolgenden werden zwei Studien in Bezug auf die Effektivität des Ausdauertrainings bei Bluthochdruck untersucht und tabellarisch dargestellt

Tabelle 15: Effektivität des Ausdauertrainings bei Bluthochdruck

Effektivität des Ausdauertrainings bei Bluthochdruck		
Wer hat die Studie durchgeführt?	Timm H. Westhoff, Sven Schmidt, Viola Gross, Marian Jopke, Walter Zidek, Markus Van der Giet, Fernando Dimeo,	Motoyama Mitsugi, Sunami Yoshiyuki, Kinoshita Fujihisa, Kiyonaga Akira, Tanaka Hiroaki, Shindo Munehiro, Irie Takashi, Urata Hidenori, Sasaki Jun, Arakawa Kikuo
In welchem Jahr wurde die Studie publiziert	2008	November 1997
Welche Forschungsfrage wurde untersucht?	Auswirkungen von aerobem Training der oberen Extremitäten auf Herz und Gefäße bei Bluthochdruckpatienten	Blutdrucksenkende Wirkung von einem aeroben Training mit geringer Intensität bei älteren hypertensiven Patienten
Mit welchen Versuchspersonen wurde die Studie durchgeführt?	24 Patientin (13 weiblich, 11 männlich) mit einem systolischen Blutdruckwert von 144 mmHG und/oder der Behandlung von Bluthochdruck. Ausschlusskriterien waren sportliche Bewegungen von mehr als 60 Minuten pro Woche in einem Zeitraum von 12 Wochen vor Studienbeginn, Aorteninsuffizienz, Herzmuskelerkrankungen, systolischer Bluthochdruck von >180mmHg, Anzeichen akuter Ischämie beim EKG, Änderung der Medikamenteneinnahme gegen Bluthochdruck sechs Wochen vor oder während dem Studienbeginn. Die Probanden wurden mit einer Kontrollgruppe verglichen.	26 Patienten (14 weiblich, 12 männlich, von 64-84 Jahre) ohne ein vorheriges regelmäßiges Übungsprogramm. Diese werden mit einer Kontrollgruppe verglichen. (Durchschnittsalter 73,1) Alle Probanden haben einen Bluthochdruck und erhielten eine oder mehrere medikamentöse Behandlungen. Diese Einnahme wurde während der Studie nicht geändert. Ebenso sollte auch nicht der Lebensstil geändert werden.
Wie sah der Versuchsaufbau der Studie aus?	12-wöchiges Trainingsprogramm der Arme (3x pro Woche) unter Beobachtung der Herzfrequenz. Die Trainingsintensität entsprach der nötigen Belastung um eine Laktatkonzentration von $2,0 \pm 0,5$ mmol/l in den Kapillargefäßen zu erreichen bei einer Umdrehungszahl von 80 und 90 U/min. Die En-	Die Trainingsgruppe trainierte drei- bis sechsmal pro Woche, 9 Monate lang, 30 Minuten auf dem Laufband mit einer Intensität an der Blutlaktatschwelle. Der Blutdruck der Trainingsgruppe wurde immer vor dem Training gemessen. In der Kontrollgruppe wurde dieser einmal pro Woche gemessen. Der Blutdruck

	dothelfunktion wurde an der Oberarmarterie anhand der flussvermittelten Vasodilatation gemessen. Ebenso wurde die Gefäßwandelastizität (Al-Augmentationsindex) und die Füllung der kleinen und großen Gefäße (C1 und C2) an der Arteria radialis mit Hilfe einer computergesteuerten Analyse der Pulswellengeschwindigkeit ermittelt.	wurde indirekt mit einem Quecksilber-Sphygmomanometer gemessen.
Ergebnisse der Studie	Signifikante Senkung des systolischen (134,0 – 127,0 mmHg) und diastolischen (73,0 – 67,1 mmHg) Blutdrucks in der Trainingsgruppe sowie deutliche Verbesserung der C2. Die Werte bei der Kontrollgruppe sind unverändert. In beiden Gruppen gab es keine bedeutende Änderung hinsichtlich Ruhepuls, Al und C1. Die körperliche Leistungsfähigkeit gemessen an der Herzfrequenz und der Laktatkonzentration während eines Ergometer-Belastungstest der unteren Extremitäten blieb unverändert. Die maximale Belastungsfähigkeit der oberen Extremitäten nahm hingegen deutlich zu.	Nach drei Monaten Training verringerte sich der ruhende systolische (ca. 15 ±8 mmHg), der Mittelwert (ca. 11 ± 6 mmHg) und der diastolische Blutdruck (9 ± 9 mmHG) signifikant. In der Kontrollgruppe kam es hingegen zu keinen signifikanten Veränderungen) Der LT stieg in der Trainingsgruppe deutlich an (P <0,01). Nach 4 Wochen Detraining bei 5 Probanden steigen die Blutdruckwerte wieder an und waren ähnlich denen im Vortrainingszustand,
Schlussfolgerung der Studie	Ein Training der oberen Extremitäten stellt für Menschen mit Bluthochdruck und einer Hüft- oder Kniegelenkarthrose eine gute Alternative dar. Dieses Training führt zur Verbesserung der Füllung der kleinen Arterien sowie zu einer deutlichen Senkung des systolischen und diastolischen Blutdrucks,	Das milde Aerobic-Training am LT bei älteren Patienten wirkt sich positiv auf die Senkung des Blutdrucks in Verbindung mit den blutdrucksenkenden Medikamenten aus. Bei Abbruch des Trainings erfolgt ein Rückgang der positiven Auswirkungen auf den Blutdruck.

5   Literaturverzeichnis

Büsch, D., Marshall, F. & Olivier, N. (2016). Grundlagen der Trainingswissenschaft und -lehre (2., überarbeitete Auflage, GEKL). Homann GmbH & Co. KG.

Eisenhut, A. & Zintl, F. (2013). Ausdauertraining: Grundlagen, Methoden, Trainingssteuerung (8. Auflage). München: BLV

Hottenrott, K. & Neumann, G. (2016). Trainingswissenschaft. Ein Lehrbuch in 14 Lektionen (3., überarbeitete Auflage). Aachen: Meyer & Meyer.

Jannsen, P.G. & Weineck, J. (2003). Ausdauertraining: Trainingssteuerung über die Herzfrequenz- und Milchsäurebestimmung (Niederländisch) Taschenbuch. Spitta; 3., überarbeitete und erweiterte Aufl. Edition (24. September 2003)

Mitsugi, M., Yoshiyuki, S., Fujihisa, K., Akira, K., Hiroaki, T., Munehiro, S., Takashi, I., Hidenori, U., Jun, S. & Kikuo A. (1997). Blood pressure lowering effect of low intensity aerobic training in elderly hypertensive patients. Medicine & Science in Sports & Exercise: June 1998 - Volume 30 - Issue 6 - p 818-823. Zugriff am 31.12.2020. Verfügbar unter: https://journals.lww.com/acsm-msse/Fulltext/1998/06000/Blood__pressure_lowering_effect_of_low_intensity.7.aspx

Lagerstrøm, D. (2004). IPN-Test® - Ausdauertest für den Fitness- und Gesundheitssport. Institut für Prävention und Nachsorge, Köln 2004. Zugriff am 23.12.2020. Verfügbar unter: https://www.cardiotest.net/ipn-test.html

Muth, N.D. (2009). American Council on Exercise (ACE) Blogartikel, What are the guidelines for percentage of body fat loss?

Weineck, J. (2010). Optimales Training: Leistungsphysiologische Trainingslehre unter besonderer Berücksichtigung des Kinder- und Jugendtrainings (16. Auflage). Balingen: Spitta.

Westhoff, T.H., Schmidt, S., Gross, V., Jopke, M., Zidek, W., Van der Giet, M. & Dimeo, F. (2008). Auswirkungen von aerobem Training der oberen Extremitäten auf Herz und Gefäße bei Bluthochdruckpatienten. Journal of Hypertension 2008; Vol. 26 Nr. 7. Zugriff am 31.12.2020. Verfügbar unter: http://motomed-rehabilitacion.es/fileadmin/user_upload/Studien/bluthochdruck_de_vt_westhoff_motomed_1.pdf

6   Tabellenverzeichnis